Kunst-Stücke 1/2

Für das 1. und 2. Schuljahr

Johannes Eucker
Hermann Hinkel
Hilleke Hüttenmeister
Erika Kabas
Renate Mann
Angelika Tischer
Bettina Uhlig

Ernst Klett Grundschulverlag
Leipzig Stuttgart Düsseldorf

In der Werkstatt eines Künstlers

So sah es in der Werkstatt des Malers Hans Hartung aus.

- Sieh dir seine Malerwerkzeuge genau an. Manche sind sehr ungewöhnlich.
- Lass dir zeigen, wie man mit ihnen umgeht.

Geschichtenerzähler

Überall auf der Welt hören die Menschen gerne Geschichten.

- Wo könnten die Geschichten spielen?
- Kannst du sie erzählen?

Geschichten–Bilder

Diese Bilder erzählen Geschichten:
von kleinen Hunden, die einander
besuchen wollen, aber nicht können,
von Türmen, die wie Häuser aussehen
und Mitleid mit den kleinen Hunden haben.

Von den Farben Gelb und Rot und davon,
was passiert, wenn sie sich vermischen, von …

Jedem erzählen Bilder eine andere Geschichte.
Welche Geschichte erzählen sie dir?

Vom Fliegen

Vögel können fliegen.

Engel auch.

Drachen trägt der Wind

ebenso wie

einen Ballon.

Und Taschen?
Können Taschen fliegen?

Die Farbe Blau

Was Farben erzählen

Farben können viel erzählen. Sie können fröhlich sein, traurig oder …

- Was erzählen dir die Farben in diesem Bild?
- Wie fühlst du dich, wenn du das Bild ansiehst?

Kannst du an
den Farben
sehen,
wie sich der
Junge fühlt?

Wasser in Bewegung

Gustav Courbet malte mit Ölfarben
vor über 100 Jahren
diese gewaltige Welle.
Katsushika Hokusai schnitt seine Welle
mit einem Messer in Holz.
Dann färbte er die höher stehenden Teile
wie bei einem Stempel und druckte
die Holzplatte auf Papier.

Beschreibe die beiden Wellen.

- Was ist gleich?
- Was unterscheidet sie?
- Sammle Bilder und Postkarten, auf denen Wellen, Wasser, Seen und das Meer abgebildet sind.

Die Augen der Monster

„Urweltwesen“
nennt der Maler
Otto Dix
dieses Bild.
Es ist eine Seite
aus einem
Bilderbuch
für seinen
Sohn Martin.

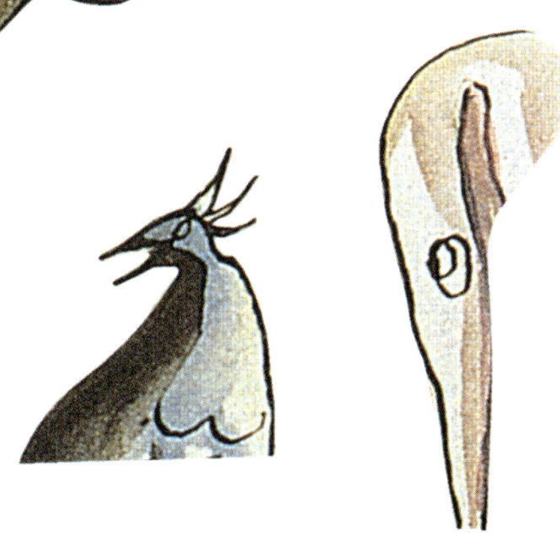

Zu welchen Urweltwesen gehören die Augen? Du wirst nicht alle Augen zuordnen können.

Zilly, die Zauberin

Zilly, die Zauberin,
wohnte in einem schwarzen Haus,
tief im Wald.
Das Haus war außen schwarz
und innen schwarz.

In Zillys schwarzem Haus
wohnte auch Zingaro, ihr Kater.
Er war ebenfalls schwarz.
Und das gab Probleme.

Hatte Zingaro seine grünen Augen offen,
konnte sie ihren Kater sehen.
Schlief er aber, dann setzte sie sich
auf ihn oder stolperte über ihn.
Da hatte sie eine Idee …

Mit Buchstaben spielen

Artisten aus dem Zirkus spielen auf diesem Bild mit Buchstaben. Gezeichnet und gemalt hat sie der Künstler Otto Dix für seinen kleinen Sohn.

Kannst du seinen Namen erraten?

Auch andere Künstler hatten Freude am Spiel mit Buchstaben und Schrift. Kurt Schwitters zum Beispiel hat das i-Gedicht erfunden.

Fallen auch dir Buchstabengedichte ein?

Das i-Gedicht

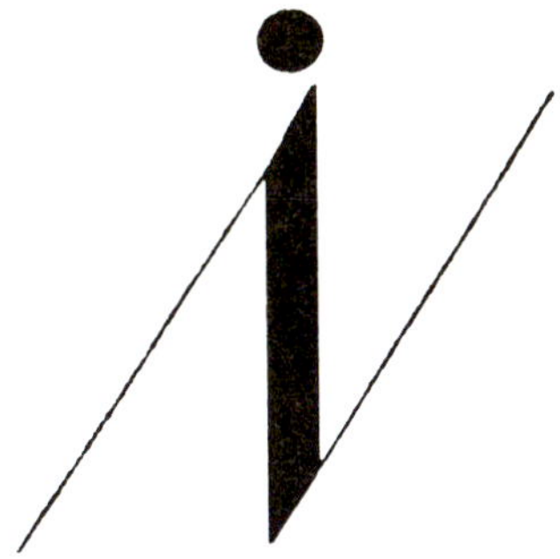

Lies : rauf, runter, rauf, Pünktchen drauf

In manchen Bildern gibt es Zeichen, die an Schrift erinnern.

Welche Buchstaben kannst du erkennen?

Ich schreibe dir ein Bild

Postkarten kann man schreiben.
Man kann Karten aber auch malen.
Diese Bilderpostkarten haben Künstler
gezeichnet und verschickt.

- Was erzählen dir die Bilder?
- Was könnte auf der Rückseite stehen?

Spuren hinterlassen

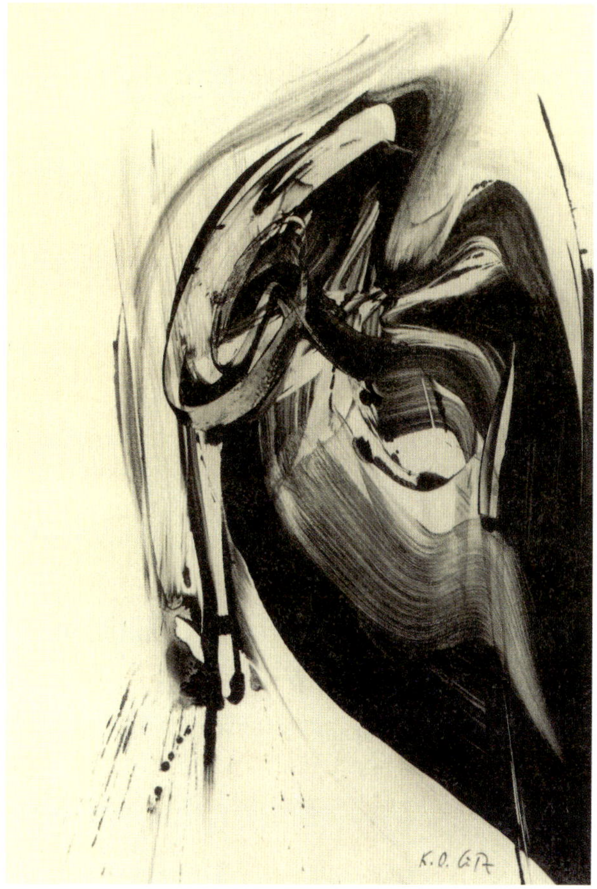

Hier siehst du den Künstler Karl Otto Götz.
Um Bewegung festzuhalten nimmt er
nicht immer einen Pinsel.

- Was kann man verwenden
  um Spuren zu hinterlassen?
- Probiere deine Ideen auf einem großen Blatt aus.

Schwarz und Weiß

Jean Dubuffet ist ein Künstler aus Frankreich.
Er hat oft seine Freunde gezeichnet.
Für diese beiden Porträts hat er nur
Schwarz und Weiß verwendet.

- Vergleiche die beiden Porträts miteinander. Wie hat er Schwarz und Weiß verwendet?
- Kannst du auch ein schwarzweißes Bild gestalten?

Maria Sibylla Merian

Sieht diese Frau nicht unscheinbar aus? Maria Sibylla Merian, Künstlerin und Naturforscherin. 1699 fuhr sie zusammen mit ihrer Tochter nach Südamerika. Es war eine sehr anstrengende Reise. Dort beobachtete und malte sie Insekten und Pflanzen. Daraus entstand ein Buch.

Raupen und
Schmetterlinge
interessierten
sie ganz
besonders.
In Südamerika
fand sie
besonders
farbenprächtige
Tiere.
Das ist ein
Caligo-Falter.

Blaue Fundstücke

Wenn er Blau sieht
wird er zum Dieb.
Alles, was in diesem
Farbton schimmert,
lockt ihn an.
Früher waren seine
Federn blau um
das Vogelweibchen
anzulocken.
Heute schmückt er
dafür sein Nest mit
blauen Fundstücken.

❟ Hast du eine
Lieblingsfarbe?
Sammle alles, was
du in dieser Farbe
findest.

Aus vielen kleinen Steinen

Mit solchen Mosaiken hat man in römischen Häusern oft den Fußböden ausgelegt. Diese Mosaike hat man in der Stadt Pompeji in zwei verschiedenen Wohnhäusern ausgegraben.

In welchem Teil des Hauses waren wohl diese Bilder eines Hundes zu sehen?

Auf diesem Bild kann man sehr gut erkennen,
wie die einzelnen Steine aneinander gelegt sind.

Sammeln macht Spaß

Links siehst du einen Sammelschrank
von früher.
Er enthält Dinge, die für den Sammler
wichtig und wertvoll waren.

Kannst du einige davon erkennen?

Hier wurde etwas gesammelt,
das wir alle kennen.

Was sammelst du?

Ein Fahrrad im Museum

Im Museum für Moderne Kunst in Frankfurt
lehnt ein Fahrrad an der Wand.
Es ist voll bepackt mit Tüten und Taschen.
Mit so einem Fahrrad kann man
nicht mehr fahren.
Man kann es nur noch schieben.
Aber warum steht es im Museum?

- Wem könnte das Fahrrad gehören?
- Was könnte in den Tüten sein, was in den Taschen?
- Was fällt dir noch auf?

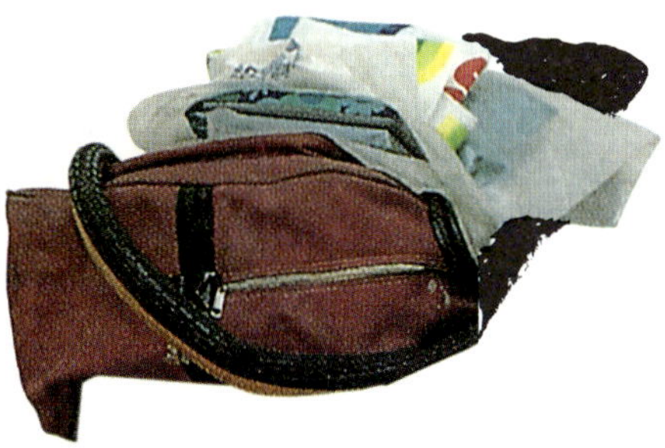

Jan findet einen Freund

Jan ist ganz allein in der großen Stadt.
Er ist traurig.

Auf einmal ...

Wie kann die Geschichte weitergehen?

Wilde Kerle

In Südamerika
wurde dieser
wilde Kerl
gefunden.
Er ist aus Ton.
Heute steht er
in einem
Völkerkunde-
Museum.

Kinder haben
auch wilde Kerle
aus Ton geformt.

Ein Fetisch aus Afrika

Dieser Fetisch heißt
nkisi nkondi.
In Afrika gibt es
viele Menschen,
die an die Zauberkräfte
eines Fetisch glauben.

- Beschreibe den Fetisch.
- Kennst du auch Dinge, von denen man sagt, dass sie Zauberkräfte haben?

Höhle, Nest, Bau, …

- Erzähle, wo diese Tiere wohnen.
- Welche Materialien verwenden sie für ihren Bau?

- Wo und wie könnte dieses Tier wohnen?

Wie man früher baute

Holz war früher ein sehr wichtiger Baustoff. Man fertigte daraus Ständer und Balken. Diese bildeten das Tragwerk eines Hauses, auf dem die Last des Daches ruhte. Auch für Türen, Tore und Fensterrahmen wurde Holz verwendet. Die Wände baute man aus Lehm, Steinen oder Ziegeln. Alles Baustoffe, die sehr haltbar sind. Sie altern, sehen aber trotzdem noch schön aus.

- Taste mit geschlossenen Augen über die Wände eines alten Hauses. Beschreibe, was du fühlst.
- Lege einen Bogen Papier auf Holzbalken oder Mauerwerk alter Häuser und reibe mit Kreide darüber. Arbeitet zu zweit, damit nichts verrutscht. Vergleicht eure Arbeitsergebnisse.

Das Geheimnis der Türme

- Wozu wurden die Türme gebaut? Bei einem Turm weißt du es.
- Was vermutest du bei den anderen?

Das ist der berühmte Schiefe Turm von Pisa.

- Welche anderen Türme kennst du?
- Welcher der Türme ist der höchste? Woran siehst du das?

- Was könnte in den beiden Büchern geschrieben stehen?
- Mache für ein Buch einen besonderen Einband, der etwas über den Inhalt sagt.

Brillen früher – heute

Vor ungefähr 800 Jahren entdeckte man, dass ein gewölbter Bergkristall Buchstaben vergrößern konnte. Die erste Lesehilfe war ein geschliffener Stein. Daraus entwickelte man die unterschiedlichsten Brillen.

- Vergleiche die Brillen auf diesen Seiten miteinander.
- Entwerfe eine Brille für dich.

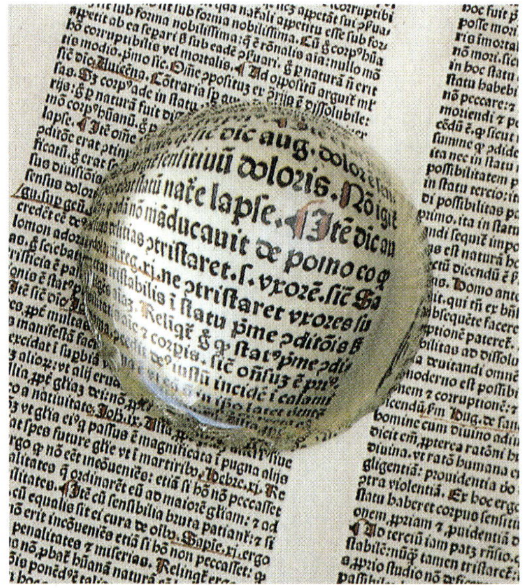

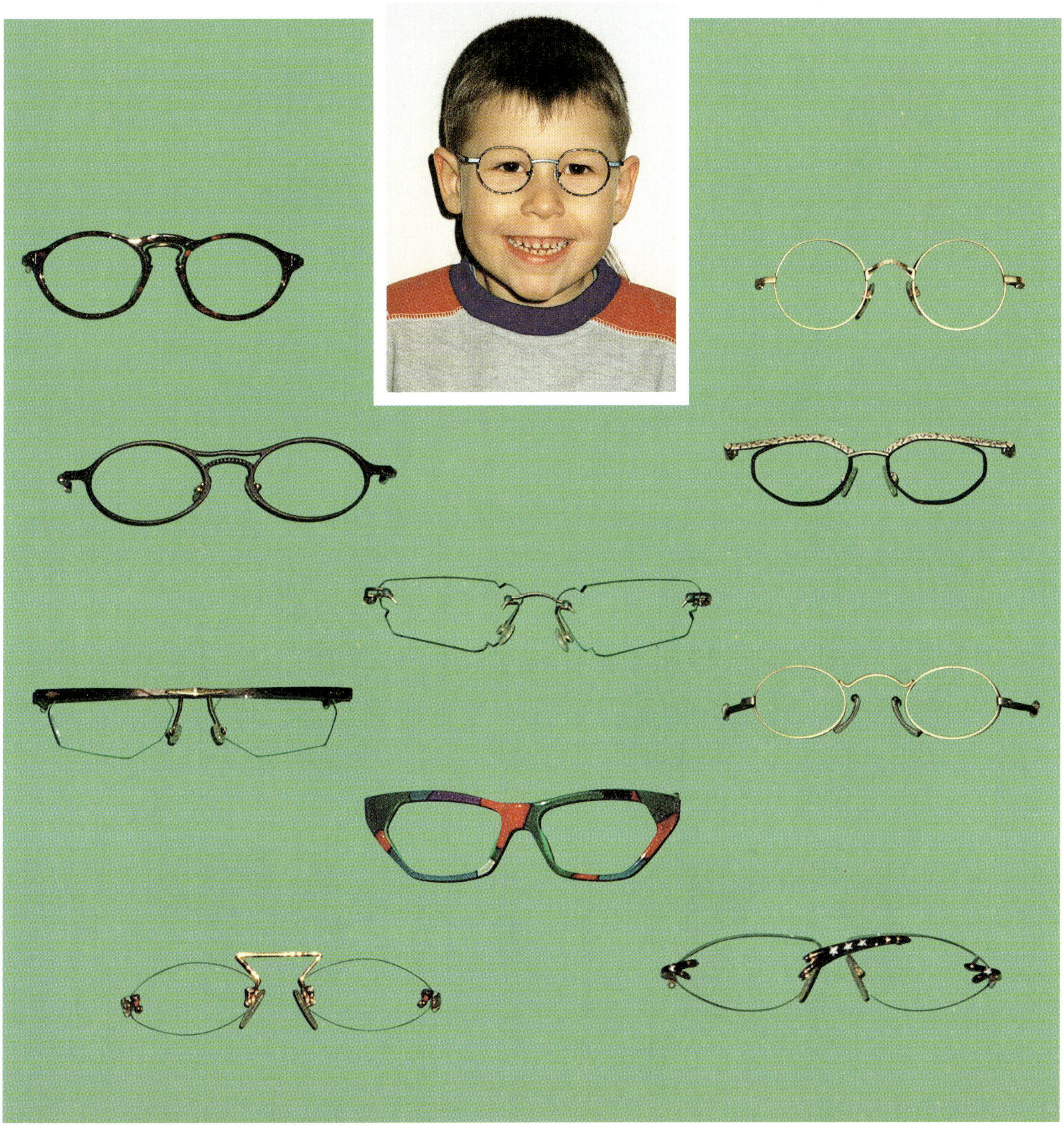

Na, wie fühlst du dich?

Wie ein Paket
auf zwei Beinen.

Wie ein Schmetterling
vor dem Schlüpfen.

Kannst du dich noch bewegen?

Es war einmal …

… ein
Spaghettilöffel,

… eine
Gurkenzange

und eine
Plastikflasche.

„Was sollen wir nun anfangen?“, sprach der Spaghettilöffel. „Ich meine“, antwortete die Gurkenzange, „weil wir uns so glücklich getroffen haben, so wollen wir als gute Freunde zusammenhalten und gemeinsam in die Welt ziehen und Abenteuer erleben.“

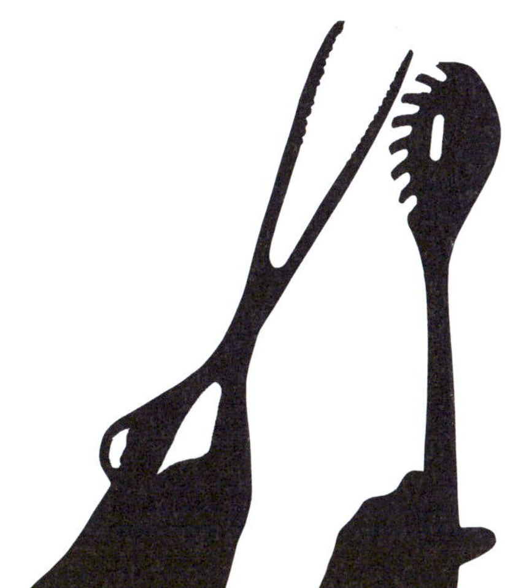

Erweitertes Inhaltsverzeichnis

Seite	Thema	Fachaspekt	Arbeitsbereich	Künstler/Künstlerin
30/31	Blaue Fundstücke	Sammeln, Ordnen und Gruppieren von Gegenständen	Grafik/Collage	
32/33	Aus vielen kleinen Steinen	Mosaik kennen lernen, Druck mit Stempeln	Grafik/Drucken	
34/35	Sammeln macht Spaß	Sammeln und Ordnen	Plastik	
36/37	Ein Fahrrad im Museum	Verfremden eines Gegenstands, Kennenlernen eines Künstlers der Gegenwart	Plastik	Andreas Slominski (geb. 1959)
38/39	Jan findet einen Freund	Bildgeschichten herstellen	Malerei/Collage/ Plastik	
40/41	Wilde Kerle	Differenzierte Figuren formen	Plastik	
42/43	Ein Fetisch aus Afrika	Kennen lernen fremder Kulturen	Plastik	
44/45	Höhle, Nest, Bau …	Tierhöhlen erfinden und bauen	Plastik/Bauen	Vincent van Gogh (1853–1890) Joseph Decker (1853–1924) Georg Flegel (1566–1638) Théodore Géricault (1566–1638) Germaine Richier (1904–1959)
46/47	Wie man früher baute	Gebautes erleben	Plastik/Bauen	
48/49	Das Geheimnis der Türme	Funktionen von Türmen	Plastik/Bauen	
50/51	Besondere Bücher	Bucheinbände betrachten, Funktion von Gestaltung begreifen	Design	A. R. Penck (geb. 1939)
52/53	Brillen früher–heute	Historische Entwicklung einer Lesebrille, Form und Funktion einer Brille	Design	Friedrich Herlin (1459–1499)
54/55	Na, wie fühlst du dich?	Trageeigenschaften von verschiedenen Materialien wahrnehmen und erproben	Spiel/Aktion	
56/57	Es war einmal …	Spielfiguren in Alltagsgegenständen sehen	Spiel/Aktion	

Bildlegenden und -nachweise

Nicht in allen Fällen war es uns möglich, den uns bekannten Rechteinhaber der Abbildungen ausfindig zu machen. Berechtigte Ansprüche werden selbstverständlich im Rahmen der üblichen Vereinbarungen abgegolten.

S. 2/3: Werkstattfotos bei Hans Hartung. © Michael von Graffenried, Paris. Fondation Hans Hartung und Eva Bergmann, Antibes. S. 4/5: August Macke: Märchenerzähler, 1912. Öl auf Leinwand, 38,5 x 42 cm. Privatbesitz. /David Bradley: Die Geschichtenerzählerin, 1986. S. 6/7: Fanny Cathrin Melle: Türme I und Türme II, 1996. Öl/Grafit auf Leinwand, je 80 x 100 cm. © F. C. Melle, Berlin. Fotos: U. Wollschlaeger, Berlin. S. 8/9: Pablo Picasso: Taube im Flug, von dem Plakat: Deuxième Congrès Mondial des Partisans de la Paix, 1950. Lithographie, 56 x 73 cm. © Succession Picasso /VG Bild-Kunst, Bonn 1997. Foto: Giraudon, Paris. /Meister des Hausbuches: Die schwebenden Engel (Detail), 15. Jh. Öffentliche Kunstsammlung, Basel. /Niki de Saint Phalle: L'oiseau amoureaux (Flugdrache). © VG Bild-Kunst, Bonn 1997. Francisco Goya: Der Heißluftballon (Detail), 1813. Musée d'Agen, Frankreich. /Fanny Cathrin Melle: Blau mit Tasche, 1996. Öl auf Leinwand, 120 x 100 cm. © F. C. Melle, Berlin. Foto: U. Wollschlaeger, Berlin. S. 10/11: Yves Klein: Blaues Schwämmerelief (RE 19), 1958. 200 x 165 cm. Museum Ludwig, Köln. © VG Bild-Kunst, Bonn 1997. Foto: Rheinisches Bildarchiv, Köln. /Stefan Lochner: Maria im Rosenhag, um 1440. Öl auf Holz, 50,5 x 40 cm. Wallraf-Richartz-Museum, Köln. Foto: Rheinisches Bildarchiv, Köln. S. 12/13: Gotthard Graubner: o.T., 1989/90. © G. Graubner, Düsseldorf. /Pablo Picasso: Junge mit Hund, 1905. Gouache von Pastell auf Karton, 57,2 x 41,2 cm. Leningrad, Ermitage. © Succession Picasso /VG Bild-Kunst, Bonn 1997. S. 14/15: Gustav Courbet: Die Welle, 1870. Öl auf Leinwand. © Sammlung Oskar Reinhart „Am Römerholz", Winterthur. /Katsushika Hokusai: Die Welle, 1831. Farbholzschnitt. Museum Rietberg, Zürich. © Bildarchiv Berlin PKB. S. 16/17: Otto Dix: Urweltwesen, 1922, in: Bilderbuch für Muggeli. © VG Bild-Kunst, 1997. S. 18/19: V. Thomas, K. Paul: Zilly, die Zauberin, Wiesbaden 1989. S. 20/21: Otto Dix: Jongleurs, 1930-33. © VG Bild-Kunst, Bonn 1997. /Kurt Schwitters: Das i-Gedicht, o. J. © VG Bild-Kunst, Bonn 1997. /Paul Klee: Das Tempelviertel von Pert, 1928, 200 (T10). Aquarell und Tusche auf gipsgrundierter Gaze, 27,5 x 42 cm. Sprengel Museum Hannover. © VG Bild-Kunst, Bonn 1997. S 22/23: Alexej Jawlensky: Vase mit Blumenstrauß, 1928. Feder und Wasserfarben. Karte an Tony Kirchhoff, Privatbesitz. /Erich Heckel: Drei spielende Kinder am Wasser, 1911. Tuschfeder und Farbstifte, 9 x 14 cm. Altonaer Museum, Norddeutsches Landesmuseum, Hamburg. © Nachlass Erich Heckel, Hemmenhofen. /Lyonel Feininger: Die Osterhasenstadt, 1914. Feder und Wasserfarben. Karte an Dodoi Feininger, Privatbesitz. © VG Bild-Kunst, Bonn 1997. S. 24/25: Karl Otto Götz in Aktion. © K. O. Götz, Niederbreitbach-Wolfenacker. Foto: S. Kühl, Düsseldorf. /Karl Otto Götz: Sniphy I und Sniphy II, beides 1962. Gouache auf Karton, je 100 x 65 cm. © K.O. Götz, Niederbreitbach-Wolfenacker. S. 26/27: Jean Dubuffet: Porträt von Jean Paulhan, 1945. Guache und Chinatinte, 38 x 31,75 cm. Galerie Danielle Varenne, Genf. /Jean Dubuffet: Porträt von Henri Micheaux, 1946. Tusche auf Schiefertafel, 50,2 x 31,7 cm. The Art Institute of Chicago. S. 28/29: Porträt von Maria Sibylla Merian. British Museum. /Maria Sibylla Merian: Falter. Öffentliche Kunstsammlung Basel, Kunstmuseum. S. 30/31: Der blaue Vogel, 1979. Foto: Ph. Green. S. 33: Cave canem, Mosaik aus Pompej. Nationalmuseum Neapel. S. 34/35: Kunstkammerschrank, 17. Jh. Herzog Anton Ulrich Museum, Braunschweig. S. 36/37: Andreas Slominsky: o. T., 1991. Fahrrad, verschiedene Materialien, 115 x 175 x 85 cm. Museum für Moderne Kunst, Frankfurt am Main. © Slominsky, Hamburg. Foto: R. Nagel. S. 38/39: J. Leblond, V. Willemin: Petits Bleus dans Paris, Paris 1993. © L'école des loisirs, Paris. S. 41: Stehende Figur, La Tolita style Esmeraldas Ecuador, 500 v. Chr. Israel Museum, Jerusalem. S. 42/43: nkisi nkondi (kozo), Kongo vor 1900. Holz/Eisen, Höhe 67,5 cm. Musée Barbier-Mueller, Genf. S. 44/45: Vincent van Gogh: Eisvogel (Detail), 1886. Van Gogh Museum, Amsterdam. /Joseph Decker: Eichhörnchen (Detail), 1880. Privatsammlung. /Georg Flegel: Stillleben mit Maus und Papagei (Detail), 1622. Alte Pinakothek, München. /Théodore Géricault: Der Leopard (Detail). Musée des Beaux-Arts, Rouen, Frankreich. /Germaine Richier: Die Gottesanbeterin, 1946. Bronze, 128 x 40 x 70 cm. Middelheim Freilichtmuseum, Antwerpen. S. 46/47: Fotos: A. Tischer, Berlin. S. 48/49: San Gimignano, Italien. dpa, Frankfurt. Foto: Barone. /Fernsehturm Berlin. Okapia, Frankfurt. © K.-H. Hänel. /Schiefe Turm, Pisa. Mauritius, Stuttgart. Foto: Vidler. S. 50/51: Lektionar, 13. Jh. Holzkorn, Bronze vergoldet, Kupfer graviert und vergoldet, Steine, 32 x 23,3 cm. Diozesanmuseum, Paderborn. /A.R. Penck: Standart Technoklassik, 1970. Einband Materialcollage aus Farbdosendeckeln. Sammlung Rolf Dittmar, Wiesbaden. © Galerie Michael Werner, Köln 1997. S. 52/53: Lesestein. /Friedrich Herlin: Darstellung des Heiligen Petrus mit einer Nietbrille (Detail), 1466. Rothenburg o. d. Tauber. /Porträt des Professors Patavius mit spanischer Fadenbrille, um 1580. Kupferstich. /Brillenfotos: H. Irmer, Kornwestheim. S. 54/55: Fotos: H. Hüttenmeister, Tübingen. S. 56/57: Fotos: H. Hüttenmeister, Tübingen.

Farbe/Malerei

Grafik

Plastik

Design

Spiel/Aktion

Gedruckt auf Papier aus chlorfrei gebleichtem Zellstoff, säurefrei.

1. Auflage

A 1 5 4 3 2 | 2004 2003 2002 2001

Alle Drucke dieser Auflage können im Unterricht nebeneinander benutzt werden, sie sind untereinander unverändert. Die letzte Zahl bezeichnet das Jahr des Druckes.

Redaktion: Hannelore Irmer-Romeo

Umschlaggestaltung: Neil Mc Beath, unter Verwendung der Abbildung: F. C. Melle: Türme II, 1996
Repro: Repro-Maurer, Tübingen
Druck: SCHNITZER DRUCK GmbH, Korb
ISBN: 3-12-203020-9